DIVINE MÈRE PANETIÈRE, ANTIQUE PATRONNE DE LA VILLE, PRIEZ POUR NOUS

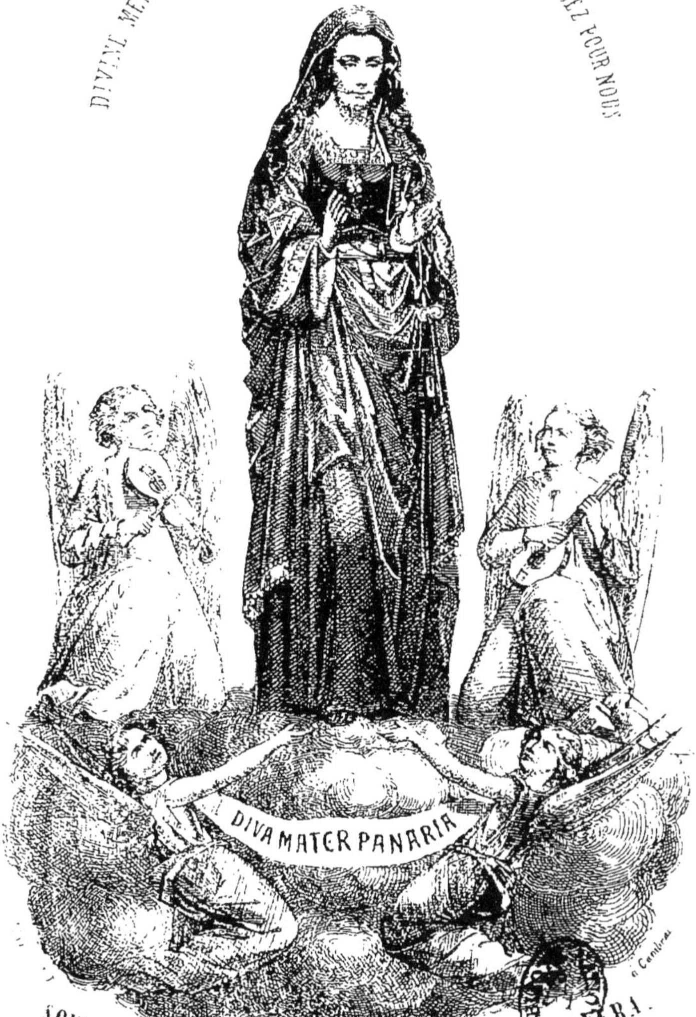

SOUVENIR DE LA NEUVAINE, A L'OCCASION DU CHOLERA.

[illegible] le 30 Juillet 1849

SOUVENIR

DE LA

NEUVAINE ET DE LA PROCESSION

DE NOTRE-DAME PANETIÈRE.

SOUVENIR

DE LA

NEUVAINE ET DE LA PROCESSION

DE NOTRE-DAME PANETIÈRE,

A L'OCCASION DU CHOLÉRA,

PAR

M. l'abbé **TOPPING**,

Vicaire de la Paroisse,

Membre de la Société des Antiquaires de la Morinie

Aire-sur-la-Lys, 22 Juillet 1849.

CAMBRAI,

Imprimerie de P. LEVÊQUE, Place-au-Bois, 14.

SEPTEMBRE MDCCCXLIX.

PRÉFACE.

Aux Paroissiens de l'église Saint-Pierre.

Aux jours du fléau, vous avez compris les hauts enseignements de la foi : que rien n'arrive que par la volonté du Seigneur : que les fléaux sont entre ses mains puissantes également des instruments de justice et de miséricorde : qu'il les fait disparaître à son gré et au jour voulu : que la vierge Marie est auprès de Dieu l'avocate de tous les hommes. Cette foi vive en ces catholiques vérités, vous l'avez manifestée par des actes publics de la plus haute piété comme du plus profond repentir. Aussi, Son Eminence Mgr. le Cardinal de la Tour d'Auvergne, évêque d'Arras, fortement ému du beau spectacle que vous donniez à tout le Diocèse, écrivait à votre Curé ces mémorables paroles :

« Je me réjouis dans le Seigneur de la
» manifestation qui a eu lieu à Aire. Elle
» est glorieuse pour l'Eglise et honorable
» pour les habitants dont la piété sincère
» ne cesse de se manifester, de manière
» à vous combler de bonheur. Oui, je
» félicite la ville de tout mon cœur, et
» me recommande à ses bonnes prières. »

Mais comme les impressions les plus vives et les plus saintes s'effacent avec le temps, telle est la nature de l'homme, le récit de ces prodiges dans les âges futurs ne serait alors que tronqué et sans vérité historique, et vos enfants mêmes ne recevraient souvent de votre bouche qu'une narration imparfaite des œuvres de votre piété et de votre amour pour Dieu et Notre-Dame Panetière.

C'est pour parer à ces oublis, instruire jusqu'aux derniers enfants de cette ville, que l'on vous offre le récit exact des faits de la neuvaine à Notre-Dame Panetière et de sa procession. C'est votre éloge transmis à la postérité. Puissiez-vous, Paroissiens de tous rangs et de toutes conditions, croître et persévérer dans la pratique des vertus chrétiennes. C'est le souhait le plus beau et le plus fécond en bonheur que l'on puisse vous adresser sur cette terre d'exil et de larmes.

Aire, 15 août, jour de l'Assomption de la très-sainte Vierge.

AVANT-PROPOS.

Voici quelques renseignements qui peuvent faire apprécier l'origine, l'ancienneté et la forme primitive de la statue de Notre-Dame Panetière, actuellement vénérée en l'église paroissiale de Saint-Pierre, à Aire-sur-la-Lys.

Il est certain que l'église de Saint-Pierre ne possède pas la première statue de la confrérie, dont voici la description tirée des comptes de la confrérie de Notre-Dame Panetière : « La statue représentait Marie,
» tenant l'enfant Jésus, ornée de riches
» vêtements. Au milieu du XVe siècle, sa
» parure par excellence consistait pour la
» mère, indépendamment de quelques bi-
» joux, en une cotte de drap de damas
» de couleur sanguine-claire, parsemée de
» feuilles d'or : on passait au col de l'enfant

» Jésus une cotte de même étoffe, à laquelle
» étaient attachées trois amulettes à l'effigie
» de Notre-Dame de Boulogne. »

(Comptes de la confrérie de Notre-Dame Panetière. — 1449)

Dans les pièces jointes au compte de 1511 de la même confrérie, nous trouvons une quittance dont voici le contenu :

« Je derycq de Berle, paintre, connois
» avoir eu et reçu de Jehan de Fiennes,
» reçuveur de la confrerie nre. Dame pane-
» tière, la somme de soisante douses lyvres,
» à cause de marchiet fait avoeucque les
» pruvost et confrères de la confrerie, de
» paindre le grant ymage de nre. Dame, et
» les angles de à l'entour dudit ymage, et le
» tabernacle de desoz l'otel, en quoy est
» ledit ymage et angles. De laquelle somme
» de lxxij lyvres je m'en tien contant et bien
» paiet, et en quyte ledit de Fiennes et toux
» autres à quy quytanche en poeult apartenir,
» themoing mon sygne manuel, chy mys le
» xxiij jour d'aust l'an xve. et dix. »

Cette quittance, avec ses détails de statue (car ymage à cette époque veut dire statue et non tableau) placée sur un tabernacle, et la description suivante de 1669, doivent fixer bien des doutes sur l'origine de Notre-Dame Panetière. Voici cette description :

Cette image est de la grandeur d'un homme au naturel, taillée en bois, fort bien et entièrement dorée d'or poli; une couronne sur sa tête, (mais de même substance que la statue et simplement accusée par quelques petits fleurons comme au diadème des rois de Juda), *avec les mains jointes,* c'est-à-dire, *qui se rapprochent; accostée de petits anges de taille tout dorés, dont les uns élèvent la Vierge au Ciel et les autres s'en réjouissent avec des instruments musicaux.*

(Manuscrits. — 1669.*)*

Pour celui qui considère avec intelligence la statue de Notre-Dame Panetière, actuellement vénérée en l'église de Saint-Pierre à Aire, il lui sera facile de remarquer que ses pieds posent encore sur des débris de nuages argentés, restes indicateurs par conséquent du groupe de nuages sur lequel la Vierge posait autrefois, et dans lesquels se trouvaient jadis les anges dont il est parlé dans la description ci-dessus.

Pourquoi maintenant la faire venir de la

ville épiscopale de Thérouanne? Quand Derycq de Berle semble dorer la statue en question, en 1510, pour la somme de *soisante douses lyvres*, il n'est pas probable que l'évêque et le chapitre eussent voulu en faire cadeau à la collégiale d'Aire ; il faudrait bien l'admettre, puisque la ville de Thérouanne ne fut détruite qu'en 1553.

Pourquoi encore la faire venir de Thérouanne, quand le nom que porte cette statue indique son origine locale? Notre-Dame Panetière, c'est-à-dire, distributrice de pains miraculeux ou de ceux de la confrérie. Car elle était, au moins depuis 1510, la statue de la confrérie de la charité, qui distribuait des pains aux nécessiteux de la ville. A cette époque, un titre était toute une histoire ; c'était une consécration populaire qu'on ne pouvait impunément ôter à une statue pour en gratifier une autre.

Pourquoi faire venir de Thérouanne Notre-Dame Panetière? quand on ne trouve dans les actes et dans les comptes de la confrérie et du chapitre aucuns frais de transport, d'installation, aucun acte de cérémonie publique à l'arrivée de cette statue.

« L'histoire nous transmet le séjour à Aire » de Philippe Négri (le noir) chanoine de

» Thérouanne, archidiacre d'Artois. Avec
» Louis Milet, trésorier, Jean Foullaut, pé-
» nitencier, Jean Capron, Guillaume Decrois
» et plusieurs autres chanoines, il fut résolu,
» par conseil, de s'employer, par tous les
» moyens possibles, à racheter des mains des
» pillards bon nombre de vases sacrés, des
» livres, des registres, chasses et autres
» ornements, et de n'épargner à cet effet ni
» argent, ni sueurs, ni soins ingénieux et
» persévérants. »

(Note du père abbé de Vicogne, au XVIe siècle.)

Comment admettre que Philippe Négri n'eût point alors revendiqué la statue de Notre-Dame Panetière, ou que les registres des chanoines de la collégiale ne fissent aucune mention de cette donation si glorieuse faite par l'archidiacre à leur église? De plus, le pape Paul IV, ayant agréé, en 1559, la division des biens de l'évêché de Thérouanne entre les trois nouveaux évêchés de Boulogne, d'Ipres et de Saint-Omer; est-il croyable que l'évêque de Saint-Omer eût laissé à la collégiale d'Aire une statue qu'il lui importait de posséder.

D'ailleurs par sa venue de Thérouanne,

la statue de Notre-Dame Panetière ne serait ni plus vénérable, ni plus antique pour les habitants de la ville d'Aire ; elle ne serait ni plus antique, puisque les statuaires ne la font point remonter au-delà de 1500, eux qui fixent l'âge et l'époque des statues comme l'architecte indique la date d'un monument, ou le calligraphe celle d'une page d'écriture ; elle ne serait pas plus vénérable, puisque les habitants ne la connaissent et ne l'honorent que par les bienfaits qu'elle a répandus en 1641, 1669 et 1740.

A LA GLOIRE

DE

Notre-Dame Panetière.

Récit de la Neuvaine et de la Procession qui ont eu lieu dans la ville d'Aire, à l'occasion du choléra ; 22 juillet 1849.

L'an 1849, le choléra fit son invasion dans la ville d'Aire, en juin, le jour de la fête de Saint Jean-Baptiste ; mais c'est surtout en juillet que l'épidémie exerça ses ravages. Dans cette anxiété générale, chacun se reporta vers le Dieu qui conduit aux portes du tombeau et qui en ramène. La science médicale d'ailleurs proclamait hautement son ignorance et sa faiblesse. La population pauvre, première victime de ce fléau, s'inspira de confiance en Dieu et en Notre-Dame Panetière, dont la statue vénérée depuis tant de siècles, fait de l'église paroissiale de Saint-Pierre la gloire et la richesse. Déjà la ville, en temps calamiteux de peste, de famine et de siége, avait ressenti la protection miraculeuse de cette Vierge admirable, seconde providence de la contrée. Cette dévotion séculaire, cette confiance héréditaire se réveillèrent tout-à-coup du sein des habitants, et tous saluèrent par avance Notre-Dame Panetière, comme leur consolatrice et leur refuge.

Avant toutes, les rues des Tripiers, de Gournay et du Rivage demandèrent des prières et la procession publique avec la statue de Notre-Dame Panetière, et les porte-faix qui, pour la plupart, habitent ces rues, vinrent par délégation en faire la demande à M. l'abbé Scott, vicaire-général, chanoine honoraire d'Arras, curé-doyen de la paroisse Saint-Pierre. Accueillant avec bonté et avec joie cette pieuse démarche des porte-faix, M. le doyen leur répondit que, vû les lois existantes, cette procession ne pouvait avoir lieu que sur la demande de l'autorité civile.

Sans perdre de temps, ils s'adressent au maire de la ville qui, ne croyant voir dans cette démarche que le vœu d'une faible partie de la population, ne l'accueillit point tout d'abord; mais depuis, ayant reconnu l'esprit religieux et le désir de toute la population, M. le maire vint lui-même en personne autoriser M. le doyen à faire la procession de Notre-Dame Panetière dans toutes les rues de la ville.

Alors le clergé de la paroisse, de concert avec le doyen, régla : que la statue antique de Notre-Dame Panetière sortirait en procession de l'église Saint-Pierre, le dimanche vingt-neuf juillet, mais qu'il convenait, pour la plus grande gloire de Dieu, l'honneur de Marie et le bien spirituel des habitants, que cette procession fût précédée d'une neuvaine pour convier les fidèles à la prière et à la pénitence. Un des membres du clergé fut chargé d'en faire l'annonce à toute la paroisse, le dimanche vingt-deux juillet; il parcourut les diverses églises de la ville, l'église dite des Clarisses, celle de l'Hôpital et l'église paroissiale de Saint-Pierre. A chaque messe il appela les fidèles à la prière, au repentir, à la dévotion à Marie, leur donnant rendez-vous pour les exercices de la neuvaine en l'église de Saint-Pierre. A sept heures et demie du soir, l'église était comble. Plus de cinq mille personnes, à la voix du prêtre, étaient venues s'agenouiller et prier devant Dieu et devant Notre-Dame Panetière.

Il faut dire que, selon les usages antiques et consacrés, on avait descendu la statue de la Vierge vénérée de la place qu'elle occupe dans son sanctuaire au chevet de l'église, et que, sur le soir, la foule des fidèles la contempla posée sur un magnifique trône construit en avant du Jubé, avec les couleurs symboliques, bleue et blanche. Au-dessous de la statue, dans la nef principale, s'élevait l'autel consacré au culte de Marie : c'est là que le pasteur devait, avec son peuple repentant, offrir le sacrifice de propitiation en l'honneur de Notre-Dame Panetière.

Impossible de rendre les émotions mélangées de joie et de douleur de tout un peuple admirant, au milieu d'une auréole de mille flambeaux, cette mère compatissante qui semblait s'avancer vers lui, ouvrant ses mains vénérables pour bénir ses enfants et les protéger. En voyant les larmes humecter tant de visages, nous avons entendu ces paroles : *Qu'il est bon d'être ici !*.. Au milieu de cette foule de fidèles de tous rangs, de tout âge, de tout sexe, régnait le silence le plus profond, le recueillement le plus saint. Tous, ils venaient prier et demander au prêtre comme autrefois Saul, sur le chemin de Damas à Jésus-Christ : *Que voulez-vous que je fasse ?*

Après le salut qui se composa des antiennes et des hymnes suivantes : *O salutaris! Ave Maris stella*; *Genitori*, et des oraisons du Saint-Sacrement et de la Sainte-Vierge, un prêtre de la paroisse monta en chaire annonçant l'ouverture et les divers exercices de la neuvaine, savoir : Messe à cinq heures et demie à l'autel de *Notre-Dame Panetière*, trois fois, *Je vous salue Marie*, et un acte de contrition aux trois instants de l'*Angelus*; le salut chaque jour à sept heures et demie, la confession et la communion. Après quelques paroles sur l'obligation de servir Dieu, d'exhortation à la pénitence, de confiance filiale en Notre-Dame Panetière, le chœur chanta à deux reprises le *sub tuum presidium confugimus*, et ainsi les autres jours; puis la foule se retira doucement, pleine d'espoir en sa patronne, se repentant de ses désordres et étonnée des sentiments de dévotion qui l'animaient. Dieu et Marie avaient puissamment frappé à la porte de tous ces cœurs, et ils s'ouvraient.

A droite de l'autel, dans l'enceinte et aux places réservées pour eux, se trouvaient les quatre-vingts porte-faix de la ville ; ils venaient continuer leur œuvre et édifier la paroisse par leur présence et leur humble posture [1].

A gauche de l'autel, également en des places réservées, se trouvaient les soldats de la garnison. Le fléau avait fait plusieurs victimes parmi eux, surtout dans l'infanterie. Enfant de la même patrie et d'un même père céleste, le prêtre de Jésus-Christ avait compris leurs craintes, gémi sur leurs pertes, et il voulait prier encore avec eux pour les délivrer du terrible fléau. Soir et matin, porte-faix et militaires étaient réunis pour prier en famille. Le soir du premier jour de

[1] A cette époque de l'année, réunis à cinq heures et demie sur la Grand'Place, les porte-faix jettent le plomb pour les tours du portage. Pendant la neuvaine, dérogeant à cet usage, ils convinrent tous ensemble de ne le jeter qu'après la première messe. — On rapporte qu'un des leurs ayant omis d'entendre un jour la messe, soit paresse, soit oubli, fut à l'unanimité, reculé de trois tours.

la neuvaine, les porte-faix, en signe d'honneur et de dévoûment, allumèrent quatre-vingts flambeaux à Notre-Dame Panetière. C'était leur nombre et par conséquent l'offrande et le sacrifice de leurs personnes au culte de Marie.

C'est un fait public et constaté, que le premier exercice fut un moment d'ébranlement géneral, de joie universelle, de retour vers Dieu. Les jours suivants, la paroisse de Saint-Pierre vit revivre parmi ses enfants les plus beaux jours de la foi. Les confessionnaux étaient assiégés depuis le matin jusqu'au soir; les communions ne furent jamais plus nombreuses, même en temps de mission; on en compta près de trois mille. Par une action tout à fait miraculeuse, on vit grand nombre de pécheurs endurcis jusqu'à ce jour, revenir généreusement au Dieu qu'ils avaient depuis long-temps méconnu et outragé.

Les prêtres de la paroisse ne purent suffire au double ministère d'assister les mourants et d'absoudre les coupables. Ils appelèrent à leur secours M. l'abbé Devin, principal du collége d'Aire, et M. l'abbé Ténart, ancien vicaire de la paroisse et actuellement curé de Campagne-lès-Wardrecques, canton de Saint-Omer. Ce dernier apprenant ce qui se passait, ne put retenir ses larmes, et il bénit le Seigneur de ce qu'il allait être pour cette ville l'instrument des miséricordes divines.

Chaque jour de la neuvaine, la messe de cinq heures et demie, annoncée par le son des cloches, était célébrée par M. l'abbé Scott, curé-doyen, pour les habitants de quelques rues de la ville, à l'autel élevé dans le milieu de la croisée de l'église.

PREMIER JOUR, 23 *juillet*. — La messe et le salut furent dits pour les habitants du Rivage, des rues des Tripiers, de Gournay, du Moulin, de la Place-d'Armes, de la rue de Brabant, de la caserne d'infanterie.

DEUXIÈME JOUR, 24 *juillet*. — La messe et le salut furent dits pour les habitants du Quartier Saint-Pierre, de la caserne de Cavalerie, des rues des Clémences, de Saint-Omer, de l'Hôpital Saint-Jean-Baptiste, des rues du Doyen, des Capucins, des Sablons, des Carbottes et du hameau de Widebroucq.

TROISIÈME JOUR, 25 *juillet*. — La messe et le salut furent dits pour les habitants de la place Notre-Dame, des rues de Notre-Dame, de la Vignette, de Biennes, du Mont de Biennes et des Hameaux de Saint-Martin et de la Jumelle.

Quatrième Jour, 26 *juillet*. — La messe et le salut furent dits pour les habitants de la Grand'Place, des Halles et Hallettes, des rues à la Chair, des Tanneurs et des Hameaux de Neupré, de Mississipi et les habitants de la route de Lambres.

Cinquième Jour, 27 *juillet*. — La messe et le salut furent dits pour les habitants des rues des Cuisiniers, du Bourg, du Frêne, du Puits, de Saint-Pierre, du Pont du Castel et des Hameaux d'Houlleron, de Pecqueur, de Lenglet et de Lalacque.

Sixième Jour, 28 *juillet*. — Une messe votive de Notre-Dame Panetière fut chantée à l'intention de quelques personnes pieuses. On recommanda aux prières des fidèles et à la protection de Marie la paroisse de Merville, département du Nord, terriblement attaquée par le choléra.

Septième Jour, 29 *juillet*. — La messe de paroisse fut chantée par M. le doyen, à cinq heures et demie. Jamais on ne vit plus de monde s'approcher de la sainte Table; un prêtre, seul, aurait donné la communion pendant deux heures.

Huitième Jour, 30 *juillet*. — La messe fut célébrée pour remercier le Seigneur des grâces extraordinaires accordées aux habitants de la ville, par la médiation de Notre-Dame Panetière.

En outre, le lundi à 7 heures, M. Topping, aumônier des Ursulines de la ville d'Aire, vint célébrer la sainte messe pour la communauté en l'honneur de Notre-Dame Panetière. Le pensionnat des demoiselles que ces dames dirigent y assistait.

Le mardi, également à la même heure, M. l'abbé Devin, principal du collège, y vint célébrer la sainte messe pour mettre ses élèves sous la protection de Notre-Dame Panetière.

Le mercredi, M. l'abbé Clairbout, curé de la paroisse de Wistes, vint avec ses paroissiens, célébrer la sainte messe.

Le jeudi, MM. Dannel, curé de la paroisse de Rocquetoire, Doye, curé de celle de Lambres, Dubois, curé de celle de Rincq, vinrent en grande piété et concours de fidèles, célébrer la sainte messe. La paroisse de Rocquetoire se distingua par l'ordre de sa procession et le grand nombre des paroissiens.

Le même jour, M. Danel, aumônier de l'hospice d'Aire, vint célébrer la sainte messe avec les orphelins et orphelines, mettant sous la protection de Notre-Dame Panetière et ces jeunes enfants et les malades de l'hôpital Saint-Jean-Baptiste.

Le jeudi aussi, à onze heures, la sainte messe fut célébrée pour la garnison de la ville d'Aire, composée des 1re, 2e et 3e compagnies du 73e de ligne et d'un détachement de la 3e compagnie du 4e escadron du train des équipages militaires, ayant à sa tête le lieutenant, M. Bossu ; les officiers supérieurs et le commandant de la place, étaient présents. Après la messe, le chœur chanta le *de profundis* pour les soldats défunts ; l'oraison fut dite par le curé-doyen de la paroisse.

Le vendredi à neuf heures, M. l'abbé Cuvilliers, curé de Mametz, vint célébrer la sainte messe à l'autel de la neuvaine, accompagné de ses paroissiens ; il traversa la ville en chantant les litanies de la très-sainte Vierge. Les habitants des rues d'Arras, des Cuisiniers, de Saint-Pierre, furent touchés jusqu'aux larmes de cette manifestation pieuse et catholique. On le voyait encore avec ses paroissiens dans les rangs de la procession du dimanche et du lundi.

Vinrent également célébrer la sainte messe en ce jour MM. Blondel, curé de la paroisse d'Isbergues, Boutenel, curé de la paroisse de Saint-Quentin-lez-Aire.

Le samedi, M. Paris, curé de la paroisse de Witternesse, vint avec ses paroissiens en grand nombre, célébrer la sainte messe en l'honneur de Notre-Dame Panetière.

Pendant toute la journée, Notre-Dame comptait à ses pieds grand nombre de pélerins et de pieux visiteurs. A quelque heure du jour qu'on vint pour la prier, jamais elle n'était seule et en son honneur brûlaient et le flambeau du riche et le flambeau du pauvre. On évalue à plus de 6,000 le nombre des chandelles offertes, sans compter les cierges. Chaque jour on brûlait à l'autel de la neuvaine 70 cierges, offrande des familles de la ville. Tant de tributs d'honneur, tant de sacrifices, tant de prières devaient sans doute toucher le cœur maternel de celle que l'Eglise appelle à juste titre : *Secours des Chrétiens, refuge des Pécheurs.*

Mais tout espoir de guérison était fondé par les habitants de la ville sur la procession que l'on devait faire avec la statue antique de *Notre-Dame Panetière*, et les anciens, par le récit des bienfaits merveilleux obtenus par son intercession en temps de misères, augmentaient dans la population cette confiance filiale et bien méritée.

Le 29 juillet fut le jour fixé pour cette magnifique et touchante cérémonie. Du haut de la chaire de vérité, un prêtre de la paroisse avait fait comprendre que cette cérémonie était une procession de pénitence; que les habitants, à l'exception des personnes âgées et infirmes, ne devaient point se tenir aux fenêtres ; qu'aucun instrument ne devait rester muet et silencieux au passage de la reine des anges; que toutes les administrations comme en 1641, 1669 et 1740 devaient faire cortége à la patronne et à la protectrice de la ville. Ces avis, surtout les premiers, furent généralement suivis. La société de musique, dirigée par M. Wallet, répondit noblement à l'appel, et ses instruments, loin de rester muets et silencieux, célébrèrent avec harmonie et puissance, le passage et le triomphe de la Vierge.

Qui pourra maintenant dépeindre et raconter les travaux de tous genres des paroissiens pour la décoration des rues? Dès le dimanche matin la ville avait changé d'aspect; on pouvait sans flatterie l'appeler le trône et le palais de Notre-Dame Panetière. Chacun voulut payer tribut à sa mère et à sa patronne. Arcs-de-triomphe, fausses portes, couronnes de verdure, guirlandes de fleurs, inscriptions, invocations, emblêmes, symboles, reposoirs, tout avait été prodigué avec ensemble et richesse. Les étrangers étaient dans l'admiration à la vue de cette ville changée en un immense arc-de-triomphe en l'honneur de Marie et de son divin Fils. Les rues les plus pauvres n'étaient pas les moins belles ; elles n'étaient pas non plus les moins riches en parures. Oh! ils furent bénis et récompensés quand passèrent vis-à-vis leurs maisons le Dieu et la mère des pauvres.

Chaque rue avait pour ainsi dire sa devise, son emblème louangeux à Notre-Dame. Le mot d'ordre était inscrit au frontispice de son arc-de-triomphe.

Il y avait la rue des guirlandes, la rue bleue et blanche, la rue des litanies, la rue de l'Immaculée Conception, la rue de Notre-Dame Panetière; et la Grand'Place, centre de toute la ville, résumait par ses trois arcs-de-triomphe 1641, 1669, 1740, les époques historiques de la protection miraculeuse de notre patronne. Enfin sur le haut de la fontaine, symbole des grâces et des bénédictions spirituelles, on lisait ces vers :

A Notre-Dame Panetière.

Déjà dans trois fléaux, à vous, Aire eut recours ;
D'un fléau non moins grand pour voir la fin encore,
Comme alors, à genoux, la ville d'Aire implore
Votre appui tout puissant, votre divin secours.

Mais je signale surtout, entr'autres merveilles, à l'admiration de l'avenir et à la reconnaissance du présent l'arc-de-triomphe et son reposoir à l'endroit historique dit : *Croix au Pain.*

Cet arc-de-triomphe avait trois faces : l'une regardant le pont du Castel ; l'autre, la rue de St-Omer; la troisième, la rue d'Arras. A gauche et à droite de l'autel se tenaient immobiles deux petits enfants habillés en anges ; ils indiquaient du doigt chacun un tableau où on lisait ces vers :

PREMIER TABLEAU.

L'encens le plus parfait pour le Dieu de clémence
    Dont vous invoquez la bonté,
Est celui qui du pauvre allége la souffrance
    Et vient de votre charité.

DEUXIEME TABLEAU.

De Notre-Dame Panetière
Si vous voulez toucher le cœur,
Tendez la main à votre frère,
Cela vous portera bonheur.

Le fond du reposoir était une immense croix s'appuyant sur le mur et dont les quatre bras et le piédestal étaient artistement dessinés avec des pains, produit des dons et des offrandes, en réponse à quelques petits et rares humanitaires qui disaient à la vue des riches décors de la ville, comme autrefois le disciple perfide à Marie-Madeleine répandant le précieux parfum sur les pieds du divin Maître : « Pourquoi cette perte?.. Pourquoi » n'a-t-on pas vendu ce parfum trois cents de- » niers qu'on aurait donnés aux pauvres?.. »

Là le prêtre, comme autrefois Jésus en la disette du désert, a béni le pain destiné spécialement aux pauvres, et puis aux habitants de la ville ; car le chanteau fut porté par les porte-faix dans toutes les familles de la cité et de la banlieue, et chacun l'appelle : *le pain béni de Notre-Dame Panetière*. Maintenant vous le trouverez en chaque maison, conservé avec foi et honneur.

La procession était annoncée pour quatre heures du soir, immédiatement après vêpres. Sur la convocation du maire de la ville, les administrations diverses devaient se rendre au sanctuaire de Notre-Dame Panetière, où des places d'honneur leur étaient réservées. MM. Bonnière, curé d'Ecques ; Dubois, curé de Rincq ; Cuvillier, curé de Mametz ; Dusautoir, curé de Wardrecques ; Clairbout, curé de Wittes ; Doye, curé de Lambres ; Boutenel, curé de Saint-Quentin ; Bresselle, curé de Mazinghem ; Fournier, curé de Racquinghem ; Blondel, curé d'Isbergues ; Dannel, curé de Rocquetoire ; Marcant, curé de Thérouanne ; Ténart, curé de Campagne ; Defonte, curé d'Hinge, étaient venus avec leurs paroissiens, comme vassaux de la Vierge, payer leur tribut d'hommages et de prières, et donner plus de pompe à cette procession dont voici l'ordre :

PROGRAMME DE LA PROCESSION :

Les tambours de la garde nationale et de la ligne.
La Croix et deux acolytes.

Les écoles :
> Dévotaires.
> Providence.
> Mlle Flore.
> Ursulines.
> Les frères.

Les fanfares de la 3ᵉ compagnie du 4ᵉ escadron du train des équipages militaires.

Doyens des métiers avec flambeaux,
> Cinq de front.

Bateliers avec bannière de la Vierge, sous le symbole d'*Etoile de la mer*,
> Cinq de front.

Porte-faix avec le guidon de la Vierge, au nombre de trente,
> Cinq de front.

Orphelines sur deux lignes.

Entre les deux lignes, cinq enfants de chœur avec ceinture bleue, quatre avec des corbeilles et au milieu le thuriféraire.

NOTRE-DAME PANETIÈRE.

Elle sera toujours sur les épaules de huit porte-faix. Huit autres autour d'elle avec flambeaux, devant remplacer ceux qui la portent.

Elle s'arrêtera quand le Saint-Sacrement

sera au reposoir, le son de la clochette sera le signal du repos.

Nous entrerons en passant, avec Notre-Dame Panetière seulement, aux Ursulines et à l'hôpital, reprenant après ces écarts, la place qu'elle occupait dans la procession.

Trois prêtres avec ornements bleus. Celui du milieu avec la chappe, les deux autres avec tunique et dalmatique, chantant de temps en temps l'invocation : *Diva mater Panaria, ora pro nobis*. Le prêtre en chappe encensera la Vierge aux Ursulines, à l'hôpital et à toutes les pauses de la vénérée statue.

Dix jeunes filles, en blanc, avec flambeaux, sur deux lignes.

Porte-faix. Trente avec la bannière de leur patron Saint-Chrystophe.

Confrères de Saint-Jean-Décolé, avec leur bannière,
  Cinq de front.

Musique de la garde nationale.

Orphelins avec bannière.

Les élèves du collége, avec la bannière du Sacré-Cœur.

Confrères du Saint-Viatique, avec leur bannière,
  Cinq de front.

Les chantres de la paroisse Saint-Pierre.

Les enfants de chœur, avec corbeilles et encensoir.

Le clergé de la ville et des autres paroisses, marchant sur deux lignes, revêtu d'ornements rouges.

LE SAINT-SACREMENT.

Aux quatre coins du dais, les quatre lanternes portées par des membres de la confrérie du Saint-Viatique.

A la suite du dais :
L'administration municipale,
— militaire,
— de bienfaisance.

Puis venait le peuple chrétien invoquant Notre-Dame Panetière pour la cessation du fléau.

Le dais était porté par les confrères du Saint-Viatique ; MM. les membres de la fabrique en tenaient les cordons, ayant à leur tête leur président, M. le chevalier Le Vasseurs, de Mazinghem. Puis venaient M. le maire, son adjoint, M. Greppo, chevalier de la légion-d'honneur, chef de bataillon, commandant de la place, quelques membres du conseil municipal et les officiers de l'armée et de la garde nationale. Les soldats de la ligne, les soldats du train des équipages militaires et la garde nationale formaient conjointement la haie.

Le signal du départ était donné ; la procession sortie en partie était déjà en marche ; les rues de la ville étaient obstruées d'une multitude saintement avide de voir Notre-Dame Panetière quitter son antique demeure pour parcourir les rues de son royaume et de sa cité. Déjà elle était arrivée sous le porche de l'église Saint-Pierre, encore un pas et elle avait franchi le seuil du lieu saint. Les porte-faix, selon leur pieux et antique privilége, voulaient la montrer à la ville et lui faire bénir les rues, les maisons et les malades ; Dieu, dans ses desseins, ne le voulut pas. Tout-à-coup tombe une pluie d'orage. C'est en vain que Marie, ses porteurs, son clergé, ses enfants nombreux et dévoués attendent et espèrent dans le silence le plus pieux. Les militaires glorieux d'escorter en ce jour la mère du Dieu des armées, gémissaient avec la foule de l'obstacle providentiel. Il fallut rentrer en disant : *Dieu le veut*. Alors la procession fit deux fois le tour dans l'intérieur de l'église, trop petite pour la population qui venait honorer et prier la patronne séculaire. Dans la marche, au chant des versets des litanies, on ajoutait par intervalle l'invocation : *diva Mater Panaria, ora pro nobis*. La Vierge rentrée en son sanctuaire et entourée de flambeaux, le curé-doyen de la paroisse donna au peuple la bénédiction du Saint-Sacrement au chant de l'*Adjutorium*.

Mais le peuple, dont la foi est en même temps simple et robuste, ne voulut point perdre son privilége et l'occasion de glorifier publiquement la Vierge qui avait choisi ses épaules pour char de triomphe. Les portefaix, immédiatement après la bénédiction, représentés par leur doyen et leurs syndics, s'adressent au maire de la ville, afin d'obtenir cette procession pour le lundi matin, 30 du courant. Cette demande octroyée et l'approbation du curé donnée, on annonça à la foule que la procession aurait lieu lundi à huit heures du matin.

Et la foule consolée de se retirer lentement, laissant jusque dans la nuit ses enfants agenouillés aux pieds de la Vierge Marie, que chacun ne pouvait se lasser de contempler, en l'appelant : *Vierge admirable*.

Oui, elle était belle, cette Dame sainte placée sur un magnifique brancard revêtu de soie blanche damassée, et dont le socle était entouré de franges de l'or le plus fin et le plus brillant. Aux quatre coins du brancard on avait relevé les draperies en forme d'écailles par des cordons tressés en or aux extrémités desquels pendaient des glands également en or. Tout avait été prodigué pour le piédestal de celle qui est assise dans les cieux, couverte de gloire, sur un trône que les Anges soutiennent.

Mais quelle douce impression ! quel pieux souvenir elle a gravé dans les cœurs de ceux qui la virent s'avancer, portée sur les épaules de huit porte-faix qui, tour à tour se relevaient à l'envi jusqu'à extinction de leur nombre ! Tous ils avaient communié le matin et un d'eux portait le guidon de la Vierge. De taille de cinq pieds sept pouces Notre-Dame Panetière dominait toute la procession. Respectant les beaux plis de sa robe, la richesse de son vêtement, la noblesse de ses proportions, on avait simplement jeté sur ses épaules le manteau royal à la couleur céleste, garni d'hermine et de franges d'argent.

Le temps permit de faire, le lundi, la procession en l'ordre indiqué ci-dessus. La foule des étrangers qu'on évalue à dix mille personnes, s'était en partie écoulée avec la nuit. Ce n'étaient donc plus que des enfants de la ville et de Marie qui allaient faire cortége à leur mère. Pendant la nuit et de grand matin, les paroissiens avaient rajeuni leurs trophées de guirlandes et de feuillages flétris par le temps et l'orage de la veille.

Notre-Dame Panetière, sur les huit heures du matin, au son des cloches, aux éclats harmonieux d'une musique puissante, aux chants des saintes prières de l'église, franchissait le seuil de son temple pour se montrer en sa ville, visiter ses chers enfants, consoler ses malades, et répandre partout les dons célestes et précieux dont elle est la dispensatrice et le canal. Son aspect maternel, sa marche

lente, sa beauté de sculpture, la richesse de ses parures, l'expression débonnaire de son visage, sa figure qui s'incline, ses mains qui s'ouvrent pour presser ses dévôts sur son cœur, cet ensemble de beauté et de grâces excita en la foule un je ne sais quoi de suave et de divin qui remuait tous les cœurs. Nos sentiments, notre admiration furent ceux de nos pères de 1740, dont il est écrit : « Un
» chacun ne savait assez regarder l'aspect
» de cette Vierge qui imprime dans les âmes
» l'honneur et l'amour qu'on doit lui porter,
» son port majestueux, la douceur de son
» visage portant également les marques de la
» puissance et de la miséricorde dont elle
» fait ressentir, de temps en temps, à ses
» dévôts si visiblement qu'à moins d'être
» ingrat on ne les peut ignorer. »

(Calendrier imprimé à Saint-Omer. 1740.)

PARCOURS

de la procession de Notre-Dame Panetière,

(30 JUILLET 1849).

Sortie de l'église paroissiale de Saint-Pierre, la procession a parcouru les rues suivantes :

1° Rue de Saint-Pierre, le pont du Castel.
2° Rue de Saint-Omer.
3° Rue des Tripiers.
4° L'arsenal.
5° Rue de Gournay.
6° Place d'Armes.
7° Rue des Casernes.
8° Rue de Brabant.
9° Rue de Saint-Omer jusqu'à celle du Doyen.
10° Rue du Doyen, place Notre-Dame.
11° Rue des Capucins.
12° Le Château.
13° Rue de Biennes.
14° Grande Place, en faisant le tour par la gauche.

15° Rue de Biennes.
16° Rue des Tanneurs.
17° Rue d'Arras.
18° Rue des Cuisiniers.
19° Le pont du Castel.
20° Rue du Frêne.
21° Rue du Puits.
22° Entrée à l'église Saint-Pierre.

En parcourant la rue de Saint-Omer, pour correspondre aux pieux désirs des dames Ursulines, Notre-Dame Panetière est entrée dans le monastère. La supérieure, Mme de Sainte-Angèle, attendait cet instant de bénédiction avec toutes ses religieuses, dans l'avant-cour du couvent. Là, avec richesse de décors, on avait pratiqué une rotonde. Dans le fond étaient rangées les religieuses, à droite et à gauche, de jeunes filles vêtues de blanc, avec corbeilles de fleurs. A l'arrivée de la Vierge antique visitant ses vierges, épouses spéciales de son fils, elle sembla sourire d'affection et de joie, et les religieuses la regardant avec amour, chantaient à l'envi : *Sainte Vierge des Vierges, priez pour nous*, et les fleurs tapissaient le chemin et les prêtres offraient l'encens, puis vint la prière séculaire : *Divine Mère Panetière, priez pour nous;* enfin l'oraison *Concede nos*; et la mère se sépara de ses filles, leur laissant pour souvenir de son passage, les jubilations du cœur et le désir de la revoir bien vîte au séjour de sa puissance et de sa gloire. En sortant on lisait ces mots :

Hommage à la reine des Vierges.
O Marie, notre mère, bénissez vos enfants.

En la rue de Saint-Omer, l'hôpital eut aussi son moment de consolation : l'hôpital, cet asile des morts et des mourants, la demeure du peuple qui souffre, sanctifiée toutefois par la religion qui y envoie ses filles vierges pour prier et soulager le malade ; Marie ne voulait point passer outre, comme tant d'autres, par dédain ou par oubli. Quelle est en effet la douleur qu'elle n'ait point partagée sur cette terre ou qu'elle n'ait point adoucie dans sa puissance !.. Le peuple souffrant le sait bien ; lui, il connaît le cœur de sa mère, aussi à son aspect il a chanté au son des instruments, avec ses bonnes sœurs : *Consolatrice des affligés, salut des infirmes, priez pour nous.*

Dans la cour de l'hôpital Saint-Jean-Baptiste changé en un véritable parterre, entouré de guirlandes bleues et blanches, s'agenouillaient devant la sainte Dame, orphelins, orphelines, malades, militaires, les sœurs, filles de Saint-François et les administrateurs de l'hospice. Aux pieds de la Vierge on avait étendu sur son petit lit un tout jeune enfant, attaqué de phthisie pulmonaire ; maintenant au Ciel, il aime et contemple celle qui l'a visité et béni sur son passage.

« Bienheureux ceux qui pleurent, parce qu'ils seront consolés... »

Après les bénédictions et la prière, il fallut se retirer, ce fut non sans peines et sans larmes. Toutes les fois que cette Vierge de consolation a passé, elle a toujours rompu brusquement avec les cœurs de ceux qui l'aiment.

Avant d'arriver à l'hôpital, la procession avait passé sous un magnifique arc-de-triomphe, élevé par les maîtres et les élèves du collége, et portant le chronographe suivant :

VIrgo DeI genItrIx, nostro sVCCVrre DolorI ;
VrbIs ames DICI VIta salVsque tVa.

Vierge mère de Dieu, soulage notre douleur ;
Aime à être appelée la vie et le salut de ta cité.

La procession parvient enfin au rivage, à

la demeure des victimes, à la demeure des porte-faix, à la demeure du pauvre. La rue est étroite : à gauche se trouve la Lys qui coule le long de la rue des Tripiers On avait tremblé pour ce passage, car la rivière n'a point de parapet, aussi les accidents à craindre en pareil concours de peuple avaient prudemment forcé d'abandonner ce passage, mais le peuple qui attend tout de sa mère et patronne, ne le veut pas, c'est bien juste : lui, il a demandé la procession ; lui, il n'a de joie sur cette terre qu'en Dieu et en Marie. Dans sa foi et dévotion, tout est possible ; écoutez : il fait remonter les eaux de la Lys, on amène les barques du bassin qui font la rampe, et l'ensemble de ces barques se trouve relié par un mur de verdure. D'un côté donc, c'étaient les maisons, de l'autre, une haie verte et solide.

N'ayant plus d'obstacles ni de dangers à craindre, la procession a défilé le long de cette rue qui attendait tout de la visite de Notre-Dame Panetière. Sur son passage, les petits enfants, mains jointes, étaient agenouillés le long des maisons. Dans l'intérieur, la vieille mère infirme, le pauvre à demi vêtu, priaient et pleuraient. Le prêtre, qui connaît le pauvre, qui connaît le malade et qui les adopte pour les seconds objets de son culte, entrait dans la maison des infirmes, leur disant de saluer avec confiance l'image de celle qu'on n'invoque jamais en vain : et l'enfant et la femme malade disaient : *Ave Maria.*

Au reposoir de l'arsenal, le Dieu des armées et sa mère ont béni les armes, les drapeaux et les soldats de la France; quelques jours auparavant, dans les plaines de Rome, ils versaient leur sang pour l'honneur du drapeau français et pour la religion de J.-C, ame et base de toute société.

La marche fut, pour Notre-Dame Panetière, un véritable triomphe. Sauf quelques rares exceptions, les boutiques et les cabarets étaient fermés. Chacun avait à l'envi, orné son passage, répété sa prière, répandu des fleurs, les inscriptions chantaient ses priviléges, sa gloire et ses bienfaits.

En ce beau jour, souvenir saint et délicieux de la ville d'Aire, bien des bouches ont répété ce cantique du vieillard Siméon :

« *C'est maintenant, Seigneur, que vous laisserez votre serviteur mourir en paix...* »

L'ordre avait été maintenu avec piété et dévoûment par la troupe de ligne, les soldats du train des équipages et par la garde nationale de la ville, dont la belle et noble conduite en cette circonstance fera l'éternel éloge, car de tels actes sont religieusement recueillis par la postérité d'une ville.

La procession, sortie de l'église paroissiale de Saint-Pierre, à huit heures du matin, rentrait à onze heures et demie; elle était suivie d'une foule immense que les vastes nefs de cette collégiale ne pouvaient contenir. Après la bénédiction du Saint-Sacrement, la ville, par le chant du *sub tuum*, se remet de nouveau entre les mains de sa patronne. Et chacun alors de sortir doucement dans l'admiration des merveilles de foi et de piété qui venaient de se passer sous ses yeux.

Le soir, à sept heures et demie, dernier exercice de la neuvaine; l'église était remplie de fidèles qui venaient faire leurs adieux à Notre-Dame Panetière et se mettre sous sa protection. Le salut fut donné par M. l'abbé Warenghem, chanoine honoraire d'Arras, curé-doyen de Laventie. Immédiatement après la bénédiction du Saint-Sacrement, du haut de la chaire, on donna lecture d'une lettre de Son Eminence le cardinal-évêque d'Arras, adressée à M. le doyen de la paroisse. La voici :

Arras, le 28 juillet 1849.

« Monsieur le Doyen,

» Rien de plus consolant, rien même de plus attendrissant pour mon cœur, que les détails que vous voulez bien me donner sur un nouveau prodige de la grâce qui vient de s'opérer en votre paroisse. Cela me rappelle ce temps plus heureux, où une foi plus vive, un amour plus ardent, une dévotion plus sincère animaient les ames de nos pères qui se faisaient gloire de servir le Dieu qu'on semble maintenant dédaigner, et auquel on ne revient, trop souvent, hélas! que parce que sa justice s'appesantit sur nos têtes.

» Vous êtes heureux, Monsieur le doyen, d'avoir à bénir le Dieu des miséricordes de ses ineffables bontés ; il doit être bien doux et bien consolant pour votre cœur, le spectacle de cette foule convertie et repentante qui vient demander aux pieds des autels une consolation à ses peines, un baume à ses blessures. Pour moi, je suis heureux de votre bonheur, et je loue Dieu de toute mon ame, tout en félicitant la ville d'Aire de sa correspondance à la grâce, et son zélé pasteur de l'empressement qu'il met à satisfaire aux besoins des fidèles.

» Recevez, Monsieur le Doyen, l'assurance de mon bien sincère attachement.

» † CH. card. DE LA TOUR D'AUVERGNE,

» *Évêque d'Arras.* »

A M. Scott, curé-doyen d'Aire.

Puis à la foule recueillie, un prêtre adressa ces dernières paroles :

« Vos soupirs les plus ardents ont été entendus, vos cœurs chrétiens sont satisfaits, vos sacrifices sont généreusement récompensés, car nous avons fait votre procession. Elle est la vôtre, M. F., puisque vous l'avez demandée ; elle est la vôtre, puisque Notre-Dame Panetière a parcouru les rues de votre ville, bénissant tous ses enfants. L'épidémie pourra encore sévir parmi nous, les desseins de Dieu sont impénétrables et ses voies mystérieuses ; des victimes saintes et pures pourront même succomber. Par une miséricorde spéciale, elles iront plus vîte au Ciel jouir d'une vie meilleure; mais sachez-le bien, les péchés d'un seul coupable endurci frapperont seuls les coups; et seuls ils paralyseront l'effet de nos prières et la pénitence publique de toute une ville.

» O divine Panetière, des libertins, des incrédules à la vue de ces nouveaux ravages, essaieront peut-être de discréditer votre puissance, votre tendresse, et de dire que vous oubliez votre ville... contre eux et leurs paroles nous protestons ici tous ensemble devant Dieu... Vous serez toujours notre mère; à votre autel nous vous invoquerons toujours avec la même confiance, comme la Vierge immaculée, l'échelle, le refuge des pécheurs, la puissance, la bonté par excellence, la Vierge antique, protectrice de nos murs, la reine auguste du temps et de l'éternité. »

Le jour même, on compta encore quelques victimes fortement atteintes et soudainement enlevées. Il fut notoire que, moins heureux que nos pères, la ville n'avait pas obtenu le miracle d'une guérison générale; mais les corporations de la ville et les hommes des divers rangs et conditions de la cité ont-ils tous imité les pieux exemples légués par leurs ancêtres? C'était pourtant un héritage d'honneur... une presque assurance de miracles... A ces deux dates historiques de 1641 et de 1740, de siège et de famine, nous lisons que : tous les corps de métiers, les corps du Bailliage et du Magistrat s'étaient donnés rendez-vous à cette procession. Le corps du Sénat fit chanter sa messe solennelle et son salut, en présentant pieusement ses offrandes comme vassal de la Vierge. Le même Sénat, à la fin des exercices, vint lui-même en corps faire chanter la messe de clôture. La piété, la prière, la dévotion à Notre-Dame Panetière étaient littéralement générales. La foi, le repentir, l'amour divin animait le citadin comme le militaire, puisque en ce temps, 1641, dans la seule paroisse de Notre-Dame, on consomma trente-six mille hosties ; et l'autorité civile, quelques années après, époque de peste, laissa à la postérité comme monument de sa foi et de sa reconnaissance, ce chronographe renfermé en une lampe d'argent :

> Mariæ virgini Panariæ peste
> Expulsa senatus populus que
> Ariensis appenderunt.

« En l'honneur de la vierge Marie Pane-
» tière, le Sénat et le peuple d'Aire suspen-
» dirent cette lampe pour avoir été préservés
» de la peste. » 1652.

Si les habitants de 1849 n'ont pas eu le miracle dans l'ordre matériel, pour être juste et reconnaissant, il faut signaler à la gloire de Dieu, à la gloire de Marie et pour la consolation d'une ville qui pleure ses enfants, des miracles d'un ordre supérieur ; je veux dire dans l'ordre de la grâce, dans l'ordre du salut.

Chaque témoin de ce qui se passa en la ville d'Aire, en ces jours de bénédictions, criait hautement au miracle. La paroisse présenta l'image de la primitive église, à en juger par les actes d'une grande partie des fidèles. A l'heure des exercices de la neuvaine, l'église Saint-Pierre devenait presque trop petite ; et là, devant Dieu et Marie, on persévérait dans la prière commune et publique ; là, on était persévérant dans la fraction du pain eucharistique. En ces beaux jours de la foi, tous les cœurs furent raffermis, et chacun pleurait de joie, de bonheur, en voyant le retour au Seigneur d'un père, d'une mère, d'un fils, d'un ami, qui depuis long-temps avait oublié et son Dieu et son ame. Les ames chrétiennes compteront encore comme une grâce spéciale, qu'au milieu de tant de victimes, pas une seule ne soit morte sans les secours de la religion catholique.

Des miracles... Sur son passage, la divine dame Panetière a réconcilié des familles entières désunies jusqu'alors ; elle a engendré de nouveau les enfants de la ville à la charité chrétienne, (et Dieu sait quelle était la division générale !..), car jamais on ne vit, comme à cette époque, une cité toute entière ne faire qu'une famille, se rapprocher, s'aimer à l'envie, travailler sur la rue sans aucune distinction de rangs et de fortune.

Des miracles... La divine dame Panetière, au lieu de guérir sur sa route les corps des malades, a guéri les ames des coupables ; au lieu de prolonger de quelques années encore la vie de ses enfants qui l'invoquent avec tant d'amour, elle leur a donné, par le retour à Dieu, la beauté primitive, la nourriture eucharistique, la vie du Ciel, l'assurance de l'éternité.

« Béni soit le Seigneur, ô Vierge auguste, car il a rendu aujourd'hui votre nom si célèbre, que les hommes se souvenant éternellement de la puissance du Seigneur, ne cesseront de vous louer. » *Judith*, 13-25.

La ville d'Aire, avant tout, conservera long-temps le glorieux souvenir de ces jours de foi, de repentir et de dévotion à Marie. Les pères parleront souvent à leurs enfants du passage de Notre-Dame Panetière, de son trône élevé dans l'église, des bénédictions célestes qu'elle a répandues; mais la confrérie des porte-faix de la ville sera le monument éternel de cette époque de grâces. Assidus, soir et matin, aux pieds de Notre-Dame Panetière, ils se regardent comme des frères, et dans l'espoir d'une protection plus spéciale pour eux et leurs familles, ils s'adressèrent à M. l'abbé Scott, curé-doyen de la paroisse, pour être érigés en confrérie sous le patronage de Christophe, martyr; et le douze août 1849, la confrérie fut établie avec l'autorisation du susdit doyen.

CANTIQUE DE LA NEUVAINE.

Le Ciel, de sa juste colère,
Long-temps a suspendu les coups,
Mais voilà qu'enfin sur la terre,
Il fait éclater son courroux.
La mort, messagère fidèle,
De la vengeance du Seigneur,
Etend sur nous sa main cruelle,
Et sème partout la terreur.

REFRAIN.

O Marie, notre seule espérance,
Vois à tes pieds tes enfants désolés ;
Daigne apaiser la céleste vengeance,
Suspends le cours de nos calamités.

Quand autrefois on vit la peste,
Partout, dans nos murs effrayés,
Répandre son souffle funeste,
Et couvrir de morts nos pavés;
Quand autrefois, de la famine,
Notre cité vit les horreurs,
Par toi, la colère divine
Arrêta ses foudres vengeurs.

 O Marie...

Alors la sainte et noble image,
De ces deux terribles fléaux,
Bientôt fit cesser le ravage
Et disparaître tous les maux;
Et nous aussi dans nos alarmes,
Nous nous jetons à tes genoux,
Un peuple entier t'offre ses larmes,
Du Ciel apaise le courroux.

 O Marie...

Les monuments de ta puissance
Sont là debout dans la cité;

Ils attestent ton assistance
Et ta maternelle bonté.
Opère encore, ô tendre mère,
Pour nous, des prodiges nouveaux,
Prends en pitié notre misère,
Délivre-nous de tous nos maux.

    O Marie...

Hélas! c'est nous qui, par nos crimes,
Avons appelé le trépas;
Eux seuls ont creusé les abîmes
Qui s'ouvrent partout sous nos pas;
Revenus à Dieu, notre père,
Nous pleurons nos tristes erreurs.
Demande-lui, toi, notre mère,
Qu'il ne rejette pas nos pleurs.

    O Marie...

Pour celui qui parcourt attentivement les diverses époques de la ville d'Aire, il paraît certain que la Sainte-Vierge l'a choisie pour un des sanctuaires privilégiés de son amour et de sa protection spéciale. Dans l'enceinte de ces murs, elle voulut avoir une église dédiée à son nom ; plus tard elle confia à la dévotion de la cité le dépôt précieux de trois de ses statues également augustes : celle dite *Notre-Dame-en-Aire*, vénérée autrefois en l'église de ce nom ; la seconde, *Notre-Dame-de-la-Foi*, que les religieux de Ruisseauville, expulsés de leur couvent en 1635, amenèrent avec eux, la plaçant avec honneur en la chapelle Saint-Arnould, dans l'église collégiale de Saint-Pierre ; la troisième, celle de *Notre-Dame Panetière*, vénérée en la première chapelle, du côté méridional de l'église Saint-Pierre. Cette dernière seule échappa au vandalisme de 93, et l'intronisation de cette statue, vénérée en l'église Saint-Pierre, fut un des plus beaux jours des anciens de la ville (1802, jour de la Nativité de Notre-Dame Panetière). En la ville, on raconta sur son entrée dans l'église des choses merveilleuses que la piété peut croire, mais que l'écrivain n'admet qu'avec preuves et témoignages.

La Vierge sainte, honorée sous le titre de *Notre-Dame Panetière*, consacra sa chapelle à la dévotion de ses enfants, par des miracles éclatants, et son culte séculaire fut souvent récompensé par des faveurs spéciales, legs précieux dont la piété et la reconnaissance des ancêtres conservèrent avec amour le glorieux souvenir.

La vierge Marie a donc beaucoup fait pour la ville d'Aire. On peut donc appeler cette cité le lieu de son repos et de son amour. Oh! si l'auguste Marie s'est plue tant de fois à se montrer la mère des habitants de cette ville, on peut ajouter que nos pères surent toujours se montrer ses dignes fils et ses zélés dévôts.

A dater de 1226, ils érigent une confrérie de charitables sous le nom et sous le patronage de l'Assomption de la Sainte-Vierge. Dans la suite, les confrères changèrent plusieurs fois le titre de leur association, pour s'en tenir, en 1386, à celui de confrérie de *Notre-Dame*

Panetière; depuis lors, c'est aux pieds de la statue de cette confrérie qu'ils venaient toujours prier et faire leurs pieuses offrandes. Dans les temps de calamité, on veilla la nuit dans sa chapelle, pendant une partie de l'hiver : à Notre-Dame Panetière ils confièrent les clefs de la ville en lui dédiant une des portes (porte Notre-Dame).

Comme une des plus touchantes preuves de la dévotion à Marie en cette ville, et comme pour lui consacrer en même temps tous les actes de l'autorité civile, il y avait en l'hôtel-de-ville une chapelle sous l'invocation de Notre-Dame du Joyel. Chaque dimanche, l'aumônier de l'hôpital venait y dire la sainte messe à huit heures ; à cette messe assistaient le Mayeur et les Echevins, les corps du Magistrat et du Baillage. C'était la messe des autorités, mais les habitants pouvaient également y assister. Le jour de la Visitation, fête patronale de la chapelle, il y avait illumination et concours de fidèles. La révolution et l'impiété ont tout détruit; l'emplacement de cette chapelle était à droite de la première salle. Ce local a été pendant un certain temps, le bureau du commissaire de police.

Chaque rue, chaque corps de métiers, des

hommes mariés réunis en corps, des femmes, des veufs, des garçons, des filles et des servantes, qui alors formaient une corporation sous le patronage de *Sainte-Marthe*, faisaient célébrer leurs messes à son autel.

(Actes du chapitre.)

Avant que Louis XIV n'enjoignît au pays conquis d'exécuter le vœu de Louis XIII, la procession de la Sainte-Vierge se faisait en la ville le jour de l'Assomption. La confrérie de la charité et sa chapelle s'enrichissaient tous les jours des dons et cadeaux faits à Notre-Dame Panetière, expression de la piété populaire. C'étaient des flambeaux énormes, des candelabres, des croix, des bagues en or, des lampes en argent et des offrandes de diverses espèces.

Quelques rues conservent encore de nos jours des pieux vestiges de cet amour filial de nos pères pour Notre-Dame Panetière. Ce sont ces *madones* placées et vénérées en certains quartiers : au Rivage, à la rue du Doyen, des Capucins et aux Hallettes ; il y a quelques années, on trouvait encore la *madone*, avec sa niche élégante, à la façade des maisons, comme la gardienne et la protectrice de la famille ; mais le luxe et la régularité, mais l'oubli injurieux de celle qui s'appelle *notre mère*, mais le respect humain peut-être l'ont détrônée et la bannissent chaque jour de ces sanctuaires domestiques.

Il est temps de nous arrêter et de nous ranimer dans la dévotion à Notre-Dame Panetière. Le Seigneur, dans ses vues profondes de miséricorde et de bonté, après bien des pertes et de grandes ruines, nous a confié de nouveau la statue et le culte de Notre-Dame Panetière. Il faut donc désormais être fidèle au culte et à l'honneur de cette antique statue. D'ailleurs, dans tous les temps, la dévotion tendre et passionnée à la vierge Marie a été pour les familles et les cités une certitude de grâces et de protection ; et jamais on ne leva assidûment les yeux et les mains vers cette *avocate des pécheurs*, sans obtenir souvent plus que sa demande.

Voici donc en abrégé les preuves et les actes de cette dévotion ; le culte de Notre-Dame Panetière, qui vient de se rétablir, avec tant de pompe et de zèle passionné, est une garantie d'acceptation et de persévérance.

1° Rétablir ces Vierges des rues et des façades des maisons ;

2º Conserver religieusement celles qui existent encore en la ville;

3º Célébrer les fêtes à dévotion de la Vierge, en s'approchant des Sacrements, pratique bien négligée de nos jours;

4º Faire dire la messe en l'honneur de Notre-Dame Panetière;

5º Visiter très-souvent sa chapelle pour y réciter le *Souvenez-vous*, ou une dizaine de chapelet, ou les litanies, ou le petit Office de l'Immaculée Conception (on pourrait se mettre neuf, c'est le nombre des chœurs angéliques; un membre de cette association le réciterait chaque jour pour les autres);

6º Porter sur soi sans respect humain, quelques objets bénits et consacrés à Marie : scapulaire, médaille, image, chapelet, etc.;

7º Faire brûler à l'autel de Notre-Dame Panetière le flambeau; c'est un sacrifice et en même temps un honneur rendu à Marie;

8º A l'exemple de Saint-Bernard, dévôt enfant de Marie, saluer sur sa route ses statues; ce salut filial porte bonheur;

9º Etre fidèle aux trois *Angelus*.

NOTES.

Après avoir rapporté les détails de la procession de Notre-Dame Panetière en 1849, je pense faire plaisir aux serviteurs de Marie, qui sont nombreux dans cette ville, en leur remettant sous les yeux le récit des hommages publics que Notre-Dame Panetière a reçus parmi nous dans les âges antérieurs.

RÉCIT HISTORIQUE

DES

TROIS ÉPOQUES 1641, 1669, 1740,

De Dévotion et de Secours.

Ces divers détails sont tirés : des Archives du chapitre de la Collégiale d'Aire ; de l'écrit de M. Rouyer ; du calendrier imprimé à Saint-Omer, avec approbation épiscopale, en 1740, et du *Bellum septimestre* d'Humetz, curé d'Aire. 1644.

1641. — Dans le premier siége de la ville d'Aire par les Français, commandés par le maréchal de la Meilleraye, le Magistrat et le peuple d'Aire eurent recours et dévotion à Notre-Dame Panetière. Un autel fut élevé par les soins des chanoines, dans la croisée de l'église Saint-Pierre. La ville toute entière se livra aux exercices de la piété publique et de la pénitence. Et le 26 de mai, au retour de la procession générale faite avec la Sainte-Remontrance, les clefs de la ville furent déposées sur l'autel aux pieds du Saint-Sacrement et de Notre-Dame Panetière.

Le 13 juin, comme les Français battaient de leurs canons la partie sud-est de la ville, quelques boulets vinrent frapper l'église collégiale; c'étaient de lourds projectiles du poids de quarante-deux livres. La chapelle de Notre-Dame Panetière s'écroula sous les premières décharges; mais la statue n'en souffrit point, et quand vint le moment de déblayer la chapelle des monceaux de décombres, on retrouve entière, sous les ruines, la lampe de cristal qui pendait toujours devant la sainte image.

Alors, pour l'honneur et pour la conservation de cette sainte statue, on la transporta en l'église des Capucins. *Cæterùm nihil æquè Mariæ protocinium ostendit, quàm virginis Panariæ lampas vitrea quæ, cùm sacelli fornice decussá, inter ruinas lapidumque ingentium acervos, integra illæsaque reperta est.*

Le prodige de la lampe s'étant répandu dans le camp des Français, le maréchal de la Meilleraye, en se rendant à l'église de Saint-Pierre, fit présent de deux canons pour aider à la reconstruction de la chapelle ruinée, et long temps l'on vît en cette chapelle un canon avec ces mots :

Vulnus opemque tulit.

Il a porté dégât et secours.

1669. — Comme la peste, qui régnait dans les environs d'Aire, menaçait d'étendre ses ravages sur la ville, les chanoines prirent une délibération, par suite de laquelle, dès le 7 août 1668, était élevé dans la nef collégiale, sur seize degrés, un autel splendide sur lequel figurait en première ligne la statue de Notre-Dame Panetière. Ce jour même, les chanoines y firent chanter une messe solennelle ; les officiers du Baillage et le Magistrat firent chanter la leur les jours suivants ; puis, sans compter les personnes que leur position mettait à même de faire cause à part, ce fut le tour de chaque rue de la ville, de chaque corps de métier ; des hommes mariés réunis en corps, des femmes, des veufs, des garçons, des filles et même des servantes ; il est inutile de dire que les offrandes abondèrent comme les messes. On veilla de nuit dans la chapelle pendant une partie de l'hiver.

Cependant la peste fit des victimes à Aire, et les chanoines peu rassurés, députèrent le 7 novembre 1668, deux des leurs vers le Magistrat assemblé aux Halles, pour convenir de quelques jours de dévotion. Voici ce qui en résulta :

Le jour de la Conception de la Vierge, 8 décembre, devant l'image remise dans la nef, fut chantée en toute solennité une messe à laquelle assistait le doyen du chapitre, Jean de Cléty, en l'absence du prévôt de la collégiale, Charles de Noyelles ; le chapitre et le Magistrat y assistaient en corps, et à l'Offertoire, le grand-chantre s'étant avancé vers le doyen au bas de l'autel, prononça à haute voix le vœu formulé à l'avance :

In nomine Patris et Filii et Spiritûs sancti.

« Nous, doyen et chapitre, Maïeur et
» Eschevins de la ville d'Aire, avec les
» Jurés au conseil, tant en nostre nom que
» des bourgeois et habitants de ceste ville

» et banlieue et de chacun respectivement
» nos supposts et subjects supplions en toute
» humilité Notre-Dame Panetière, patronne
» tutélaire de ceste ville, de nous délivrer
» par son intercession auprès de Dieu, du
» présent fléau de la peste, promettant et
» vouant qu'aussitôt que nous en serons
» affranchis totalement, en mémoire et re-
» cognoissance de ce bénéfice, nous ferons
» chanter une messe solennelle à l'honneur
» de la saincte Vierge, avec une procession
» généralle en laquelle sera portée son
» image, et présenteront à l'Offertoire d'i-
» celle messe, chacun des dits corps, un
» cierge; et nous Maïeur et Eschevins, avec
» les Jurés au conseil en corps, recevrons
» le Saint-Sacrement de l'autel de la main
» de celuy quy célébrera laditte messe, ce
» que nous promettons de continuer l'espace
» de dix ans à pareil jour, ou le plus voisin
» que faire se pourra, à la réserve néant-
» moins de la procession générale et du
» port de l'image de la Vierge, au lieu de
» quoi en la messe se chantera le *Te Deum*. »

Quand le chantre eut fini, il offrit un cierge au nom du chapitre, pour marque de la sincérité du vœu; le lieutenant du Mayeur l'imita au nom du Magistrat, et le doyen accepta l'offrande et le vœu de la part de Dieu et de la Vierge.

La messe votive de la délivrance de la peste fut célébrée le jour de Saint-Jean-Baptiste, 24 juin 1669, après la messe ordinaire du chœur; et l'après-midi, les vêpres chantés, on fit une procession générale où fut portée Notre-Dame Panetière.

Après un hiver des plus rigoureux, le Seigneur ayant fait souffler depuis un long temps un vent pernicieux, le froid ayant suspendu la fécondité de la terre, étouffé une partie des semences que l'on avait jetées dans son sein, et occasionné la disette dans laquelle on se trouve, et effrayé de celle que l'on craint; le 29 mai 1740, le chapitre permît, en suite d'un mandement de l'Illustrissime et Révérendissime Joseph-Alphonse de Valbelle, évêque de Saint-Omer, que l'image de cette sainte Vierge fût transportée de sa chapelle sur un autel préparé à ce sujet dans l'église, comme il s'est de tout temps pratiqué dans les nécessités pressantes. La messe s'est chantée, conformément au susdit mandement, où le clergé et les R. P. capucins assistèrent, ainsi que le corps du Baillage et celui du Magistrat, comme aussi les écoliers des R. P. jésuites ; et attendu la dévotion et la continuation de la calamité du temps ; requête fut présentée audit seigneur évêque pour qu'il permît une procession publique en la forme et manière accoutumée en pareil cas.

C'est ce qu'il accorda favorablement pour le lundi, 6 juin prochain, par mandement. La procession fut faite par le chapitre, où assistèrent le clergé de Notre-Dame, les R. P. capucins, les confréries, les corps et métiers, les sodalistes et écoliers des R. P. jésuites. Derrière le baldaquin, venait M. l'abbé de Monchy, prévôt, avec le double rochet et sa croix, n'ayant fait la cérémonie pour cause d'infirmité, et ensuite les corps du Baillage et du Magistrat, avec un nombre de personnes de la ville et des environs, tel que depuis un temps immémorial l'on n'a vu.

Plus de mille personnes portant flambeaux précédaient le Saint-Sacrement, et l'image de la sainte Vierge avec une modestie des plus grandes, qui était ornée au plus magnifique, tant en habit, robe, manteau royal, qu'en dentelles ; le collier était ingénieusement travaillé en diamants, en perles et en pierreries étrangères ; un chacun ne savait assez regarder l'aspect de cette Vierge qui imprimait dans les ames l'honneur et l'amour qu'on doit lui porter, son port majestueux, la douceur de son visage, portant également les marques de la puissance et de la miséricorde dont elle fait de temps en temps ressentir à ses dévôts si visiblement les effets, qu'à moins d'être ingrat on ne peut les ignorer.

Vingt-sept porte-faix, dont un portait le guidon de la Vierge, les autres la portaient alternativement, étaient proprement habillés à la romaine, avec des couronnes de laurier sur la tête, que les Religieuses pénitentes leur avaient préparées; et, pour se disposer à cette action, ils avaient tous communié au cœur de la collégiale pendant la messe qui s'était dite à cette fin, vers les sept heures, selon l'usage.

Le reliquaire de Saint-Jacques fut porté alternativement par six chanoines, et celui de Saint-Adrien, par les confrères de la confrérie du nom de ce saint, habillés en blanc, avec des rubans en bandouillière.

On empêcha de porter en cette procession aucune autre représentation.

La procession commença vers les trois heures, par les rues de Saint-Pierre, d'Arras, du Gouvernement, traversant la place pour entrer en l'église de Notre-Dame; au sortir de ladite église, l'on a suivi la rue de Brabant et celle de Saint-Omer, ayant aussi fait station en l'église des R. P. jésuites.

Les bourgeois s'étaient appliqués à orner

les autels et reposoirs, tant pour le Saint-Sacrement que pour la sainte Vierge, à chaque rue, comme aussi leurs enfants représentant des saints, des saintes et des anges, dont trois furent notamment distingués avec des encensoirs, encensant de distance en distance le Saint-Sacrement.

M. de Sebré, gouverneur de la ville et lieutenant-général des armées du Roi, n'ayant pu assister à la procession, a donné les ordres pour l'arrangement des troupes qui étaient sous les armes pour maintenir la tranquillité.

L'image de la Vierge demeura exposée avec éclat jusqu'au 15 de juin; pendant ce temps, on offrit des sacrifices de toute part. Les prieux et religieux de Saint-André-les-Aire vinrent en corps processionnellement rendre leurs hommages avec grande édification ; les R. P. capucins les imitèrent, comme aussi les sodalistes de tous rangs et de toutes conditions qui se trouvent sous la direction des R. P. jésuites. Toutes les confréries, corps et métiers, se sont prévenus les uns les autres, pour pouvoir alternativement implorer les secours de cette sainte Mère. Les saluts, qui se célébraient journellement par le chapitre, où le chœur assistait en habits de l'église, étaient des plus solennels, avec grand concours de peuple qui y assistait avec une remarquable dévotion. Le sénat de la ville vint en corps faire chanter la messe pour la clôture de la cérémonie, avec le même zèle qu'il était venu pour l'ouverture.

Texte du Calendrier. 1740.

www.ingramcontent.com/pod-product-compliance
Lightning Source LLC
LaVergne TN
LVHW051503090426
835512LV00010B/2322